L'AFRIQUE CENTRALE

RÉGION DES GRANDS LACS

OUVRAGES DU MÊME AUTEUR

———

Des Partis qui divisent le Catholicisme contemporain.
Pau, 1870. Broché.. 0 fr. 50

Livingstone. Histoire abrégée de sa vie. In-12, broché. 1 fr. »»

Taxes de la Pénitencerie apostolique, d'après
l'édition publiée à Paris, en 1520, par Toussains Denis,
traduction nouvelle en regard du texe latin, avec une
introduction et des notes. 2e édition................... 1 fr. »»

Quelques exemplaires sur papier de Hollande........... 3 fr. »»

1735. — Abbeville. — Typ. et stér. Gustave Retaux.

David Livingstone.

L'AFRIQUE CENTRALE

RÉGION DES GRANDS LACS

ÉTUDE GÉOGRAPHIQUE

PAR

A. DUPIN DE St-ANDRE

PARIS

J. BONHOURE ET Cie, ÉDITEURS

18, RUE DE LILLE, 18

1880

L'AFRIQUE CENTRALE

RÉGION DES GRANDS LACS.

INTRODUCTION

Résumer les données géographiques que l'on possède aujourd'hui sur la région des grands lacs de l'Afrique centrale et faire connaître les mœurs, les usages des habitants de ces contrées brûlantes: tel est notre but. Il est double, on le voit. Dans la première partie de ce travail nous parlerons du pays, de ses hautes montagnes, de ses lacs, de ses fleuves où nage le crocodile, de ses forêts vierges à l'ombre desquelles vivent la gazelle, le singe, le lion, le rhinocéros et l'éléphant. Dans la seconde nous dirons ce que l'on sait des indigènes, de leur état social, de leurs superstitions, de leur férocité et aussi de leur adresse et de leur courage.

Les écrits des explorateurs nous ont fourni tous nos renseignements, et c'est guidé par ces hommes intrépides, dont nous résumerons rapidement les voyages, que nous essaierons de transporter au cœur de l'Afrique nos jeunes lecteurs, en souhaitant qu'ils aient autant de plaisir à lire ces lignes, que nous en avons eu nous, à les écrire pour eux.

LE PAYS.

L'Afrique, tout le monde le sait, est un continent massif, dont l'océan n'a pas découpé les bords, et que défendent contre l'envahisseur ici des déserts brûlants, ailleurs des marécages sans fin, partout des populations peu hospitalières. Les fleuves, qui en d'autres pays ont rendu faciles les voyages d'exploration, sont tous, à une certaine distance de leur embouchure, barrés par des roches. De là des cataractes infranchissables, qui arrêtent les embarcations venues de la côte. Le voyageur, qui veut pénétrer au cœur de l'Afrique, est donc obligé d'abandonner la rivière, et d'en longer le bord. — C'est presque toujours à pied qu'il s'avance ; car dans l'intérieur, chevaux et mulets, meurent piqués par la tsetsé, mouche de la grosseur d'une abeille ; — et de plus, dans ces solitudes, sur le bord des grands fleuves, au fond des vallées, l'homme de race blanche rencontre le plus terrible de ses ennemis en Afrique. Je veux parler de la fièvre. C'est elle qui est et qui sera longtemps encore, toujours peut-être, le grand obstacle à toute colonisation. Les explorateurs la redoutent mille fois plus que les fauves ou que les indigènes. Avec de bonnes armes on peut traverser les forêts peuplées de lions, parcourir le territoire des tribus les plus féroces, s'ouvrir un chemin ; mais on ne dompte pas la fièvre : elle épuise ou tue.

L'Afrique est donc bien gardée. Pour l'attaquer il faut des hommes de fer, méprisant le danger et ayant fait d'avance le sacrifice de leur vie. Est-il bien étonnant que l'intérieur de ce vaste et redoutable continent ait été si longtemps inconnu ?

Ce n'est pas cependant qu'on n'ait essayé d'y pénétrer.

Les anciens qui ne connaissaient de l'Afrique que le Nord, auraient voulu savoir d'où vient le Nil. Hérodote le remonta jusqu'à Éléphantine, mais ne put aller plus loin.

Il semblait impossible de dépasser cette île. Les Égyptiens étaient convaincus que l'essayer, c'était cour'r à une mort certaine. « Ton désir, ô César, disait un prêtre au vainqueur de l'Égypte (s'il faut en croire Lucain), ton désir, ô César, est de connaître les sources du Nil. Ce fut aussi celui des Pharaons et des tyrans que nous ont envoyés la Perse et la Macédoine. Aucun siècle n'a voulu laisser cette découverte aux siècles suivants ; mais la nature impénétrable garde son secret. — Alexandre, le plus grand des rois que Memphis adore, voulut aussi le lui dérober et il envoya dans ce but des Éthiopiens jusqu'aux extrémités de la terre. La zone brûlante du monde les consuma au bord du Nil bouillant. Avant lui notre Sésostris, qui parcourut la terre du levant au couchant et courba le front des rois sous le joug de son char, put se désaltérer aux eaux de vos fleuves, le Rhône et le Pô, mais non à celle du Nil, à sa source. — Follement atteint du même désir, Cambyse parvint chez des peuples qui ont le privilège d'une longue vieillesse, et là manquant de vivres et forcé de se nourrir des cadavres des siens, il revint sans avoir soulevé les voiles du Nil. »

Néron envoya deux centurions à la recherche des sources du fleuve. Ils atteignirent d'immenses marécages, qui pourraient bien être les grands marais du Nil blanc; mais ils n'osèrent les traverser et ils revinrent sur leurs pas.

Au second siècle de l'ère chrétienne, des renseignements obtenus sur la côte orientale d'Afrique, permirent au géographe Ptolémée d'affirmer que le Nil sort de deux grands lacs situés sur le versant des montagnes de la Lune.

Plus tard, l'Europe devenue barbare, oublia les traditions de la Grèce et de Rome, et ce n'est qu'au xvi siècle qu'on songea de nouveau aux sources du grand fleuve.

A cette époque, on dressa des cartes d'Afrique qui

sont loin d'être exactes, mais qui contiennent des indications fort curieuses sur la région des grands lacs, ses rivières et ses montagnes.

Puis, le monde civilisé oublia l'existence de la question africaine ; mais le XIXᵉ siècle, continuant l'œuvre du XVIᵉ a l'ambition d'arracher au continent noir jusqu'au dernier de ses secrets.

Nous allons raconter à grands traits, les travaux accomplis pour atteindre ce but. C'est le meilleur moyen de faire connaître la géographie du pays.

Occupons-nous d'abord de la région du Zambèze Le Dʳ Livingstone nous servira de guide et avec lui nous pénétrerons dans la région des grands lacs.

Livingstone est né en 1813 dans un petit village du nord de l'Écosse. A dix ans il entra dans une filature de coton : son père voulait en faire un ouvrier. Mais l'enfant avait d'autres ambitions. Sur ses économies il achetait des livres, et en sortant de la fabrique, il allait à une école du soir ; puis il étudiait jusqu'à minuit, quelquefois même plus tard. A seize ans il lisait Horace et Virgile et dévorait tous les livres qui lui tombaient sous la main. Enfin il se mit en rapport avec la Société des missions de Londres, devint un de ses élèves et dès lors il put consacrer tout son temps à l'étude de la théologie et de la médecine. Ses progrès furent rapides. Il devint docteur et après avoir achevé ses études théologiques, il partit pour le Cap, où il arriva en 1840.

Un an plus tard il avait fondé une station et il y déploya tant de zèle qu'il eut bientôt conquis l'affection et la confiance des indigènes. Le courage dont il fit preuve un jour en face d'un lion acheva de lui gagner le cœur des noirs. Il vaut la peine de raconter cette histoire. — Des lions s'étaient établis dans la vallée de Mabotsa et ils dévoraient les vaches des indigènes sans compter. Ils poussaient l'audace jusqu'à attaquer les troupeaux en plein jour. Les noirs, superstitieux comme on l'est en Afrique, se croyaient « livrés au pouvoir des lions, » et ils laissaient faire ces rois du désert. Mais il était évident que cela ne pouvait durer. Livingstone prit son fusil et réussit à se faire suivre par les chasseurs de la tribu. Un lion fut bientôt dépisté. Le missionnaire l'aperçut et fit feu. « Il est touché ! il est touché ! crièrent les indigènes, attaquons-le ! » L'animal rugissait de fureur et avant que Livingstone eût rechargé son fusil, le lion s'élançait sur lui et le terrassait. Le missionnaire avait l'épaule brisée. Mais chose étrange ! il ne souffrait pas, et les rugissements du fauve qui le déchirait ne lui inspiraient aucune crainte. « J'étais, dit-il, dans un état pareil à celui des patients qui, sous l'influence du chloroforme, voient tous les détails de l'opération mais ne sentent pas l'instrument du chirurgien. Ceci n'est le résultat d'aucun effet moral ; la secousse anéantit la crainte et paralyse tout sentiment d'horreur pendant qu'on regarde l'animal en face. Cette condition particulière est sans doute produite chez tous les animaux qui servent de proie aux carnivores ; et c'est une preuve de la bonté généreuse du Créateur qui a voulu leur rendre moins affreuses les angoisses de la mort (1). » Cependant le lion mordait le bras du missionnaire, mais il l'abandonna pour se jeter sur les indigènes. Livingstone était sauvé. Les forces lui revinrent assez rapidement et il se remit à l'œuvre. Mais un jour les Boers, qui avaient déclaré la guerre au chef du pays, rasèrent la station et Livingstone se dirigea vers le nord cherchant un nouveau champ de travail. Le missionnaire allait devenir l'un des explorateurs de l'Afrique inconnue. Il traversa le désert de Kalahari, découvrit le lac de Ngami et en 1851 il arriva dans le bassin du Zambèze. « Il est tombé des nuages, disaient les indigènes stupéfaits, il est venu sur le dos d'un hippopotame. Il faut qu'il ait volé comme l'oiseau pour venir jusqu'à nous (2). — Un des chefs de la contrée, (Sébitouané) fit au docteur un excellent accueil. Libre de parcourir le pays, Livingstone atteignit les bords du Zambèze à Seshéké, au centre du continent. Il venait de faire l'une de ses grandes découvertes.

Ce fleuve alors très-bas à cause de la sécheresse

1. *Explorat. dans l'Af. austr. Abrég.* par Belin de Launay p. 21.
2. *D: Livingstone,* de Wattemare p. 27.

n'avait que quelques centaines de mètres de largeur, tandis qu'au moment de son débordement annuel, il couvre ses rives et envahit au loin la plaine.

Deux ans plus tard, en 1853, Livingstone remonta le Zambèze dont il voulait étudier le cours supérieur et fut bien accueilli par les indigènes. Le roi Chinté lui-même le reçut fort amicalement. Il faut lire le récit que nous fait le docteur de l'audience solennelle qui lui fut accordée.

« Deux mulâtres portugais et des Mambaris, arrivés récemment, vinrent pour tirer une salve en l'honneur du roi. Leurs tambours et leurs trompettes faisaient tout le tapage possible...

« Le roi portait sur la tête une sorte de casque formé de colliers de verroterie artistement enlacés, et dont le sommet était surmonté d'une grosse touffe de plumes d'oie; à son cou pendaient de nombreux colliers; ses jambes et ses bras étaient couverts d'anneaux de cuivre et de fer. Il siégeait sur une espèce de trône paré d'une peau de léopard, sous un gracieux figuier, qui paraissait être de l'espèce des banians...

« Après le défilé des diverses sections de la tribu et la fantasia des guerriers, les interprètes s'avancèrent à reculons, jusqu'auprès de Chinté, puis ils lui dirent tout, ce qu'ils savaient sur le compte du docteur : « Peut-être, dit l un d'eux en terminant, nous abuse-t-il ; peut-être dit-il la vérité. Les Londas ont bon cœur. Chinté n'a jamais fait de mal à personne; il fera bon accueil à l'homme blanc... Il le mettra sur son chemin.

« Une centaine de femmes, vêtues de leurs plus beaux atours, étaient assises derrière le roi... Ces dames applaudissaient les orateurs, leur adressaient des sourires et faisaient entendre une sorte de chant plaintif après chaque discours...

« Une bande de musiciens, composée de trois tambours et de quatre timbaliers, fit plusieurs fois le tour de l'enceinte en jouant à tour de bras; et quand le neuvième orateur eut fini de parler, le roi se leva et tout le monde suivit son exemple. Une décharge de mousqueterie termina la séance (1). »

Le docteur se reposa quelques jours; puis, après une marche d'un mois environ, il arriva sur le plateau qui sépare le bassin du Zambèze de celui du Congo; et de là se dirigeant vers l'ouest, il atteignit Saint-Paul de Loanda : il avait traversé la moitié de l'Afrique. Mais il ne tarda pas à revenir sur ses pas, bien décidé cette fois à descendre le Zambèze jusqu'à son embouchure. Il constata d'abord, sur le plateau dont nous parlions tout à l'heure, l'existence d'un petit lac, dont les eaux se déversent d'un côté dans des affluents du Congo, de l'autre dans l'un des affluents du Zambèze. C'est le lac *Dilolo*. Continuant son voyage, il revit les lieux déjà visités

1. Vallemare, *Docteur Livingstone*, p. 32.

et découvrit au centre du continent les chutes Victoria. C'est une des merveilles du monde. Les indigènes appellent Mosi-oa-tounya (la fumée tonnante), cette cataracte dont les eaux se précipitent avec un bruit de tonnerre dans un gouffre d'où s'élancent vers le ciel cinq colonnes de blanches vapeurs.

Rien de plus saisissant que l'aspect de ces chutes. Le Zambèze, large de plus de 1600 mètres, tombe en rugissant dans un abîme qui a plus de 150 mètres de profondeur. Qu'on se figure ces eaux bouillonnantes, ces colonnes de vapeur que le vent secoue et qui brillent de toutes les couleurs de l'arc-en-ciel ; qu'on encadre tout cela de collines couvertes de baobabs séculaires et de palmiers gigantesques, et l'on comprendra l'enthousiasme que laisse éclater Livingstone dans son récit.

La cataracte est coupée en deux par un îlot, que le docteur appelle l'île du Jardin. On peut atteindre ce rocher qui domine l'abîme. Livingstone, désireux d'étudier de près les chutes du Zambèze, se met en quête d'un canotier qui consente à le débarquer dans l'île du Jardin. Un homme se présente. C'est Touba-Mokoro, en français : le briseur de pirogues. Cet indigène prétend posséder un charme qui lui permet de faire cette périlleuse excursion. Il se fait même fort d'en revenir. Livingstone s'embarque donc.

« A quelques milles en amont de la chute, dit-il dans son récit (1), la rivière est paisible. Nous glissons agréa-

1. *Tour du monde*, 1864, t. I, p. 31.

blement sur les eaux qui ont la transparence du cristal et nous passons auprès d'îles charmantes couvertes d'une épaisse végétation.

« Une quantité de fleurs se montrent près de la rive. Quelques-unes sont entièrement nouvelles pour nous ; les autres, le convolvulus par exemple, sont d'anciennes connaissances. Mais notre attention est vivement détournée de ces iles délicieuses par les rapides, où Touba, notre briseur de pirogues, peut nous jeter sans le vouloir. Le seul aspect de ces effroyables écueils, à la voix rugissante, ne peut manquer d'être désagréable à ceux qui ne les ont jamais vus. C'est seulement quand la rivière est très-basse, comme aujourd'hui, qu'on peut se hasarder à gagner l'île, vers laquelle nous nous dirigeons. Si l'on y abordait au moment de l'inondation, en supposant que la chose fût praticable, il faudrait y rester jusqu'à ce que les eaux se fussent complétement retirées. On a vu des éléphants et des hippopotames lancés dans l'abime et réduits à l'état de pâte.

« Dès que nous arrivons à la hauteur des rapides, on nous recommande de garder un silence profond ; nos paroles pourraient diminuer la vertu du talisman. Personne, à la vue de pareils tourbillons, ne songe à désobéir au Briseur de pirogues. Il est bientôt évident que la recommandation de Touba est des plus sensées, car la moindre négligence, la plus légère méprise nous ferait infailliblement chavirer.

« Toutefois, nous abordons sains et saufs à l'île du Jardin; qui, située au milieu du fleuve, s'étend jusqu'au bord même du gouffre. Nous en gagnons l'extrémité ; nous nous penchons au-dessus de l'abîme, dont la profondeur donne le vertige, et le caractère unique et merveilleux de la cataracte apparaît tout à coup à nos regards.

« Des paroles ne peuvent donner une idée d'un pareil spectacle. Un peintre accompli n'y parviendrait pas, même avec une série de tableaux.

« Les chutes du Victoria ont été formées par une déchirure transversale du basalte qui constitue le lit du Zambèze. La falaise est perpendiculaire et descend jusqu'au fond de l'abîme sans présenter de saillie.

« Nous avons essayé d'en mesurer la profondeur au moyen d'une ligne à laquelle nous avions attaché quelques balles et de plus un bout de calicot d'un pied de long. L'un de nous a posé la tête sur un rocher qui se projette au-dessus du gouffre et a suivi du regard la descente du calicot. Trois cent dix pieds de corde avaient été déroulés par celui qui tenait la ligne, quand les balles rencontrèrent un plan incliné de la falaise et s'y arrêtèrent. Elles avaient encore, selon toute probabilité, à descendre de près de 50 mètres pour atteindre la surface de l'eau. Le morceau de cotonnade blanche ne semblait pas plus grand qu'une pièce de cinq francs...

« C'est dans ce gouffre deux fois plus profond que le

Niagara n'a de hauteur, que se précipite avec un fracas étourdissant une rivière de plus de 1600 mètres de large.

« Les colonnes de vapeur qui montent de l'abîme brillent, au soleil du matin, des riches couleurs d'un triple arc-en-ciel. Le soir, ce gouffre revêt des teintes sulfureuses, qui le font ressembler à une gueule de l'enfer. Pas un oiseau ne perche dans ce sombre massif où retombe la pluie de ces colonnes gigantesques ; pas un n'y chante, pas un n'y fait son nid. »

Les naturels ne parlent des cataractes qu'avec admiration, et quelques chefs ont eu l'idée de venir sacrifier à leurs dieux sur les bords de ce gouffre, qui leur inspire sans doute une terreur religieuse.

Plus loin, vers l'est, le docteur, descendant toujours le cours du Zambèze, visita les rapides de Kébrébasa, qui opposent un premier obstacle à la navigation, pendant près de neuf mois de l'année. Enfin, il atteignit le Mozambique, colonie portugaise, où le fleuve se jette dans l'Océan. Il avait vu, de ses sources les plus lointaines jusqu'à son embouchure, le Zambèze, dont les indigènes disent : « Nul ne sait d'où il vient ; nul ne sait où il va. »

Mais il désirait en explorer l'un des affluents, la *Chiré.*

En 1858, le docteur remonta le cours de cette rivière avec l'espoir de découvrir un grand lac dont les indigènes lui avaient parlé et qui devait se trouver dans la région inconnue vers laquelle il s'avançait. Il eut d'immenses marais à traverser. Les rivières d'Afrique sont souvent peu rapides. Elles se traînent plutôt qu'elles ne coulent à travers des plaines sans fin qu'elles recouvrent de leurs eaux au moment des crues et qu'elles laissent souvent à découvert. De là des marais d'une grande étendue, où la fièvre règne toujours en souveraine. L'homme n'y vit que difficilement; mais on y trouve d'innombrables troupeaux d'éléphants et une quantité prodigieuse d'oiseaux aquatiques de toutes les espèces.

La Chiré, que remontait le docteur, ne fait pas exception à cette règle. Elle s'étend sur une vaste plaine et y forme un marais immense. C'est le marais des éléphants.

Livingstone le traverse en bateau. Des pélicans, des canards sauvages, des marabouts animent le paysage; partout la vie puissante des régions tropicales; et au nord une belle forêt de palmiers que dominent des montagnes aux cimes aiguës. C'est de ce côté que se dirige l'expédition. Abandonnant la vallée au fond de laquelle la Chiré roule ses eaux, elle traverse un pays élevé et par conséquent sain; et le 16 septembre 1859 arrive sur les bords du Nyassa des Maravis.

Ce lac, que Livingstone a exploré deux fois, est d'une largeur moyenne de 60 kilomètres. Il a du nord au sud plus de 320 kilomètres de longueur. On le voit, c'est une petite mer. Les tempêtes n'y sont pas rares et sont quelquefois d'une violence extraordinaire. Un jour le docteur y fut surpris par le mauvais temps et fut obligé de jeter l'ancre à plus de 1600 mètres du rivage. Aborder était impossible à cause de la violence des lames. Pendant six heures le malheureux canot, qui portait le vaillant explorateur, fut secoué par la tempête. Les rameurs que les mouvements désordonnés de l'embarcation rendaient malades, n'étaient même plus capables de tenir les rames. Une lame pouvait mettre fin aux voyages de Livingstone. Heureusement le vent se calma et le canot toucha bientôt le rivage.

Le docteur explora la côte ouest du Nyassa. Il constata l'existence de cinq ou six rivières, qui se jettent dans ce lac (une seule en sort, c'est la Chiré) ; et il vit de hautes et belles montagnes qui viennent à certains endroits baigner leurs pieds dans les eaux.

Les rives du Nyassa sont extrêmement peuplées, car le sol est fertile et les eaux poissonneuses.

L'arrivée du docteur fut pour les noirs un véritable événement. Ils venaient par centaines regarder curieusement le *chirombo*, c'est-à-dire la bête sauvage.

« Jamais, s'écrie gaiement Livingstone, les lions et les singes du jardin zoologique n'ont attiré plus de spectateurs. »

Ailleurs au contraire, les indigènes prenaient la fuite à l'approche des blancs (Livingstone et son frère Charles qui l'accompagnait), — et chose curieuse ! les chiens eux-mêmes, saisis de terreur, la queue entre les jambes et l'oreille basse, allaient se cacher dans les bois.

Livingstone ne resta pas longtemps sur les bords du lac. Il redescendit le cours de la Chiré et explora une fois encore le Zambèze.

Grâce à lui, il a été possible de dresser une carte du bassin de ce grand fleuve, qui prend sa source sur le vaste plateau du lac Dilolo et qui reçoit les eaux de l'un des grands lacs de l'Afrique centrale : le Nyassa des Maravis.

Pendant que le docteur accomplissait les voyages dont nous venons de parler, un homme énergique, le capitaine BURTON avait fait une découverte d'une importance capitale.

En 1856 la Société de géographie de Londres confia à cet officier la mission d'atteindre les grands lacs de l'Afrique centrale et d'en déterminer la position.

Burton avait fait preuve en Arabie de bravoure et de savoir. Son passé justifiait la confiance qu'on avait en lui. Mais, ne se dissimulant pas la difficulté de la tâche qu'il avait à accomplir, il s'adjoignit le capitaine *Speke*, attaché comme lui à l'armée des Indes.

Au mois de juin 1857, ces deux officiers débarquèrent sur la côte africaine en face de Zanzibar et se dirigèrent vers l'ouest. Ils allaient découvrir le *Tanganika*.

Une véritable caravane d'interprètes, de guides, de porteurs, les suivait. C'est de ces gens-là que dépend le succès d'une expédition. Les conduire et les garder n'est pas une petite affaire. Tous les voyageurs ont eu à souffrir de leur manque de bonne foi, de leur lâcheté et de leur amour immodéré pour tout ce qui ne leur appartient pas. Voici le portrait que fait de ses gens le capitaine Burton :

« Au premier rang Said-Ben-Sélim, métis arabe de Zanzibar, qui a été chargé malgré lui, par Sa Hautesse, de conduire notre caravane. Ils est suivi de quatre esclaves... Vient ensuite Mabrouki, mon valet de pied, esclave d'un chef arabe qui me l'a prêté moyennant cinq dollars par mois. C'est le type du nègre à encolure de taureau : front bas, petits yeux, nez épaté, large mâchoire pourvue de cette force musculaire qui caractérise les puissants carnivores. Il est à la fois le plus laid et le plus vain de toute la bande, et sa passion pour la parure est sans bornes... Bombay, d'abord difficile à conduire, est un serviteur actif et honnête ; Valentin et Gaëtano, métis indo-portugais, appartiennent à cette race de parias, qui, dès leur enfance, vont gagner quelque argent en qualité de bonnes d'enfants et de marmitons dans les cités opulentes de l'Inde anglaise.

Ces deux personnages ont pour défaut un orgueil de caste et un mépris des hérétiques et des infidèles, qui les mettent souvent en péril, le besoin de paraître et de dominer, un penchant irrésistible au vol et au mensonge, une prodigalité du bien d'autrui excessive... et une voracité qui les conduit à l'indigestion quotidienne....

« Sa Hautesse nous a donné huit Beloutchis qui sont responsables de nos jours et de nos biens. Ils portent l'ancien mousquet, le bouclier hindou et une dague acérée... Mal appris et vaniteux, ils refusent toute besogne, excepté l'achat des vivres ; s'arrogent le droit de commander aux porteurs et de voler tout ce qui les tente. — Nos cinq âniers sont encore de plus tristes sujets.

« Au dernier rang, fort peu au-dessous des ânes, viennent trente-cinq porteurs : garçons efflanqués pour la plupart et difficiles à bâter. Chacun d'eux à son caprice. Tous ont horreur des caisses, à moins qu'elles ne soient assez légères pour qu'on puisse en mettre une à chaque bout d'une longue perche ; ou bien assez lourdes, pour exiger deux hommes et se balancer entre eux.

« Enfin au départ trente ânes complètent la caravane. Ce sont des bêtes indociles, qui s'effraient, bronchent et se dérobent. Maître Aliboron, dédaigne le sentier, recherche les trous avec obstination, et si vous avez besoin de lui faire faire plus de 3 kilomètres à l'heure, ce n'est pas assez de l'homme, qui le tire par la bride, il en faut un second pour le frapper jusqu'à ce qu'on arrive (1). »

Malheur au voyageur qui n'a pas la main ferme ! Ses porteurs le pillent ou l'abandonnent. Burton et Speke eurent besoin de toute leur énergie pour triompher de la mauvaise volonté de la caravane tout entière et faire marcher bêtes et gens vers le but inconnu qu'ils espéraient atteindre.

Après avoir traversé de vastes plaines, ils virent se dresser devant eux les montagnes de l'Ousagara (*T. du monde*, 1860 2ᵉ sem., p. 313 et suiv). L'ascension fut pénible. Le sentier qu'ils suivaient s'éleva à 1740 mètres au-dessus du niveau de la mer et de l'autre côté de la chaîne s'étendait à leurs pieds la province d'Ougogo qu'ils allaient traverser. Rien d'attrayant dans l'aspect du pays, dit Burton (Id. id., p. 315), une terre sauvage, habitée par une population menaçante... Nos Beloutchis sont d'une humeur atroce. Gais comme des grives, quand l'air est tiède et qu'ils sont rassasiés, ils deviennent bourrus et querelleurs dès qu'ils ont faim et froid. Et nous sommes toujours entre ces deux extrêmes : des journées étouffantes, des nuits glaciales ; un ciel de feu, un vent de bise qui vous transperce.

« La population du pays n'a rien d'aimable. Nos voya-

1. *Tour du monde*, 1860, 1ᵉʳ semestre, p. 311.

geurs furent suivis par un essaim de curieux qui les insultaient. J'ai su plus tard, dit Burton, que des métis arabes, qui nous avaient précédés, avaient répandu sur nous des propos, qui nous valaient ces invectives (Id., id. p. 315) Suivant nos détracteurs nous laissions derrière nous la sécheresse, nous jetions le sort au bétail, nous semions la petite vérole et nous devions revenir l'année suivante prendre possession du pays. »

Tout cela n'empêcha pas nos explorateurs d'arriver à *Cazeh*, chef-lieu de l'Ounyanijembé et principal établissement des Arabes de cette région, quatre mois et demi après leur départ de la côte. (Id. id. p:321).

Ils y séjournèrent quelque temps et se remirent en route. Enfin le 10 février, après avoir traversé plusieurs rivières, des jungles couvertes de petits bambous, ils aperçurent une ligne brillante à l'horizon. C'était de l'eau. Le Tanganika s'étendait à leurs pieds. « Rien de plus saisissant, s'écrie Burton, que ce premier aspect du lac, mollement couché au sein des montagnes et se chauffant au soleil des tropiques. A vos pieds des gorges sauvages où le sentier rampe et se déroule, une bande de verdure qui ne se flétrit jamais... au delà les eaux bleues du Tanganika où le vent d'est forme des croissants d'écume. A l'horizon une muraille d'un gris d'acier, coiffée de brumes vaporeuses, détache sa crête déchiquetée sur un ciel profond. J'oubliai tout : dangers, fatigue, incertitude du retour... »

L'expédition avait atteint son but. Burton s'installa à Udjiji, sur les rives du lac, avec l'intention d'en explorer les bords. On lui avait parlé d'une rivière qui sortait de l'extrémité nord de cette mer intérieure C'est de ce côté qu'il se dirigea.

Il avait loué deux pirogues, dont l'une mesurait soixante pieds de longueur sur quatre de large. Il longea la côte, mais ne put atteindre l'extrémité du lac. Personne ne voulut l'y conduire. D'ailleurs, tout le monde lui affirmait que la rivière, dont il voulait constater l'existence ne sort pas du lac, mais y apporte ses eaux. Livingstone et Stanley ont vérifié depuis l'exactitude de cette assertion. Le Tanganika n'est donc pas une des sources du Nil.

Cet immense lac, dont le nom signifie réunion des eaux a 250 milles géographiques de longueur et de 20 à 25 milles de largeur (1). Les montagnes qui l'entourent, forment une enceinte continue, dont les sommets s'élèvent à 600, à 700 et même à 900 mètres.

Le Tanganika est profond, sans écueils. Mais les coups de vent y sont fréquents et les tempêtes terribles.

Les eaux en sont poissonneuses et sur les bords, dans les grands roseaux, vivent des troupeaux d'hippopotames. Ces animaux à peau épaisse, à mâchoires puissantes, attaquent quelquefois les embarcations.

1. *Tour du monde*, 1860, 2ᵉ sem. p. 316.

Mais les indigènes leur font une rude guerre. « Le canot de chasse est monté par deux hommes. C'est une légère embarcation de 45 à 48 centimètres de large sur 5 mètres et demi à 6 mètres de long, et n'ayant pas un centimètre et demi d'épaisseur ; elle est construite pour la vitesse et présente un peu la forme de nos bateaux de régates. Les deux chasseurs que portent ces pirogues tiennent chacun une courte et large pagaie ; ils se dirigent lentement et sans bruit vers un hippopotame endormi, retenant leur haleine ne communiquant entre eux que par signes. — Quand ils approchent de l'an'mal, celui qui est en avant du canot, le harponneur, dépose sa pagaie ; il se lève lentement et reste debout, immobile, tenant au-dessus de sa tête, son arme à longue hampe. Arrivé près de la bête, il lance de toute sa force le harpon, qui plonge dans la région du cœur. — Aussitôt l'homme qui est à l'arrière fait rapidement reculer le bateau ; le harponneur s'assied, prend sa pagaie et active le recul. Il est rare qu'au premier instant l'hippopotame surpris attaque à son tour. — Le fer barbelé du harpon est retenu par une forte ligne qui est enroulée autour de la hampe. Il ne tient que légèrement à celle-ci et la violence du coup l'en détache ; la corde se déroule et le manche, fait d'un bois léger, flotte à la surface de l'eau. Le chasseur vient alors la prendre et s'assurer de la profondeur de la blessure en tirant sur la ligne. Si la corde cède, il

2.

saisit l'instant où le monstre, la gueule ouverte, apparaît au-dessus de l'eau en poussant un grognement terrible, et il lui envoie un autre harpon. La fuite en arrière se répète; mais souvent l'hippopotame rejoint le canot et le broie entre ses mâchoires, ou le brise d'une ruade. Mais les chasseurs ne sont plus dans la barque; ils ont plongé en voyant arriver la bête, et gagné la rive en nageant sous l'eau tandis que l'animal furieux les cherche à la surface. — Les hampes des harpons lancés à la bête sont alors saisies par les gens d'autres canots; et l'animal est traîné çà et là jusqu'à ce qu'il succombe, épuisé par la perte de son sang. Cette chasse, qui demande une extrême adresse, exige un sang-froid et une intrépidité inimaginables. » (1)

Mais Burton et Speke n'étaient pas venus pour combattre les monstres du lac. Il leur suffisait d'avoir découvert le Tanganika: aussi reprirent-ils le chemin de la côte le 26 mai suivant, et le 20 juin ils arrivaient à Cazeh. Malheureusement l'expédition avait beaucoup souffert du climat. Tout le monde était malade : il fallut s'arrêter. Burton fut cloué sur son lit pendant plusieurs mois, et en attendant qu'on pût se remettre en route pour la côte, Speke, poussant une pointe vers le nord, découvrit le 30 juin 1858 un autre grand lac dont les eaux se déversent dans le Nil. Trois ans plus tard il devait en explorer les bords.

1. *Livingstone*, Wattemare p. 111

C'est de lui, c'est de ses découvertes que nous allons parler maintenant.

Le capitaine SPEKE, après un voyage en Angleterre, revint à Zanzibar en 1860, accompagné de son ami *Grant*.

Le 25 août, il débarquait à Bagamoyo, et, après avoir réuni tous les porteurs nécessaires, il se mit en route pour Cazeh où il arriva au mois de janvier 1861. De là il se dirigea vers Karagué. Ce petit royaume est situé sur la côte ouest du lac dont notre explorateur avait aperçu la pointe sud en 1858, et auquel il donna le nom de lac *Victoria* ou de *Victoria Nyanza*. Rumanika, le roi du pays, lui fit un excellent accueil. (*Tour du monde*, 1864, 1er sem., p. 220 et suiv.)

Speke séjourna quelque temps à la cour de son hôte: il explora le pays, et fit des chasses merveilleuses en compagnie des fils du roi. Un jour, sur les bords d'un petit lac, notre explorateur était à son poste. Des rabatteurs nombreux chassaient le gibier hors des bois, « quand nous vîmes apparaître, dit-il, un beau rhinocéros mâle, qui se rapprochait de moi, mais sans savoir encore au juste dans quelle direction prendre son élan. Pendant qu'il hésitait, je me glissai vers lui à travers les broussailles et lui envoyai une balle en plein flanc. La bête s'éloigna d'abord d'une allure assez rapide, mais affaiblie peu à peu par la perte de son sang, elle ralentit sa marche et finit par se coucher à terre, ce qui me permit de l'achever.

« Quelques minutes plus tard, un cri lointain nous signala un autre rhinocéros caché dans un fourré. J'y courus et je vis en arrivant que je pourrais tout au plus me faire accompagner par deux hommes portant mes fusils de rechange, dans cet épais taillis que les fortes épines de l'acacia rendaient presque impénétrable, si ce n'est dans les endroits frayés par les animaux mêmes dont ils sont le refuge. Me guidant comme je pouvais et littéralement plié en deux, j'étais arrivé à mi-chemin de l'endroit vers lequel je me dirigeais, lorsque je vis déboucher soudain devant moi, avec un bruit sourd d'haleine et de pas, une énorme femelle suivie de son petit. Me jeter de côté malgré les épines, qui me déchiraient le visage, fut l'affaire d'un instant, et j'envoyai à la bête une balle qui la poussa hors de mon chemin et la contraignit à chercher son salut en rase campagne. Là je la poursuivis et la blessai de nouveau. Elle gagna la montagne et me mena toujours courant après elle, dans un autre fourré non moins épais que le premier, qui fermait l'entrée d'un étroit vallon. J'y trouvai trois autres rhinocéros, qui, dès qu'ils m'éventèrent, me chargèrent de front tous à la fois. Mes deux porte-mousquets fort heureusement ne m'avaient pas abandonné ; je pus donc, à force de crochets et de sauts de côté, frapper alternativement mes trois ennemis. L'un d'eux tomba mort à peu de distance; mais les autres ne purent s'arrêter qu'au bas de la pente sur laquelle ils étaient lancés. Pour mon compte, je me sentais satisfait; toutefois, à la requête des princes, je continuai la chasse. Un des rhinocéros avait la jambe cassée. Je visai celui qui me paraissait intact et lui envoyai une balle qui le détermina simplement à s'éloigner. Revenant alors vers le premier atteint que j'avais mis hors d'état de s'enfuir, je demandai aux indigènes de l'achever avec leurs armes pour me faire une idée de leurs chasses habituelles. L'animal cependant nous chargea si vigoureusement lorsque nous nous approchâmes de lui, qu'il leur fut impossible de l'aborder. Un second coup l'immobilisa. Alors nos hommes se jetèrent sur lui pour tout de bon, et jamais je n'ai assisté à un spectacle plus sauvage. Chacun venait à son tour plonger sa lance, son assagaie ou sa flèche dans le flanc de la victime, dont le corps finit par ressembler à celui d'un porc-épic. Je partis alors laissant l'ordre de couper les deux têtes et de les porter au roi comme un trophée du chasseur blanc (1). » Rumanika fut touché de cette attention et il aurait volontiers gardé longtemps encore notre explorateur. Mais Speke avait hâte de continuer son voyage au bord du lac. Le 10 janvier, il dit adieu à son hôte et

1. *Tour du monde*, 1864, 1er sem., p 325.

marchant droit au nord, il se dirigea vers le pays dont
Mtésa est maître et seigneur.

Ce roi, qui gouverne l'Ouganda, est l'un des plus
puissants de cette région. Désireux de voir « l'homme
blanc », il lui dépécha plusieurs messagers pour le prier
de se hâter. Des ordres furent donnés pour que tout le
personnel de l'expédition fût nourri par les habitants.
Le pays d'ailleurs est fertile, et les provisions abon-
dantes. De nombreuses rivières arrosent les vallons ; on
les traverse sur des passerelles faites de bambous ou
de troncs de palmiers. Speke n'avait pas voyagé aussi
commodément depuis son départ de la côte.

Notre explorateur se présenta devant le roi. La récep-
tion fut des plus brillantes. Le jeune monarque était assis
sur un trône. Autour de lui, ses officiers et ses femmes.
Plus loin, une bande de sorcières, à l'aspect repoussant.
Speke fut frappé de la majesté de ce despote africain,
Il entra aisément en relations avec lui et obtint de
précieux renseignements sur la géographie du pays.

Le roi lui fit faire une excursion intéressante sur le
lac. (*Tour du monde*, 1864, 1ᵉʳ sem., p. 353 et suiv.)
Une cinquantaine d'embarcations, peintes en rouge et
manœuvrées par de nombreux matelots, attendaient le
prince et sa cour. Cette flottille longea la côte et Speke
visita un îlot, qu'habite le génie des eaux, s'il faut en
croire les indigènes. Il put se rendre compte de l'immen-
sité du Victoria. Du côté de l'est et du sud, pas trace de

terre. Il était réservé à Stanley d'explorer les rives du Nyanza et d'en déterminer l'étendue. Nous y reviendrons tout à l'heure. Mais à Speke appartient l'honneur de la découverte, et avant de quitter le pays il devait voir le Nil sortir du Victoria.

C'est le 28 juillet qu'il atteignit le petit golfe du fond duquel s'élance le fleuve. Rien de pittoresque et d'animé comme ce coin du monde. Le Nil bondit par-dessus les rochers, qui brisent son cours. L'onde écume et mugit. Des poissons voyageurs essaient de franchir la chute. Des hippopotames et des crocodiles promènent sur les eaux leur oisiveté, pendant que des bateaux de pêche sillonnent la rivière. Speke resta longtemps pensif devant ce spectacle, heureux d'avoir atteint son but et bénissant la Providence qui lui avait permis d'explorer la côte occidentale du lac et de résoudre enfin le problème des sources du Nil.

Ce vaillant explorateur est revenu en Europe par l'Égypte, et depuis, *Samuel Baker* a découvert à l'ouest du Victoria un autre grand lac, dont le trop plein se déverse aussi dans le fleuve égyptien, et auquel il a donné le nom de *lac Albert.* Nous ne raconterons pas les péripéties dramatiques de ce voyage. Il nous semble en avoir dit assez sur la vallée du Nil. Nous nous contenterons d'affirmer que ces deux grandes nappes d'eau sont les sources du fleuve sacré. Au moment des grandes pluies qui tombent à des époques fixes sous les tropiques le niveau des lacs s'élève et quelques mois plus tard a lieu l'inondation périodique qui féconde l'Égypte.

Le sphinx a livré son secret.

De la région des lacs, s'élance un autre fleuve: le *Congo.* Mais avant de nous en occuper, disons encore un mot du Victoria. Stanley l'a exploré avec soin et en a dressé la carte. C'est en 1874 que ce voyageur intrépide partit de Bamamoyo avec une escorte nombreuse. Il atteignit rapidement les rives du Nyanza. Là une chaloupe en fer, dont les pièces avaient été transportées de la côte, fut montée, et Stanley longea les bords du lac et en explora les îles. Ce voyage ne fut pas sans périls. Le vent souffla plus d'une fois en tempête et quand le voyageur voulut atterrir, il fut ordinairement mal reçu.

« — Pourquoi avez-vous mis vos canots sur la plage ? lui demanda un jour un indigène.

— Parce que le vent est fort et que les vagues auraient pu les briser.

— Savez-vous que cette terre est la nôtre ?

— Oui ; mais quel tort nos barques vous font-elles ?

— Partez ; nous ne voulons pas de vous. (1). »

1. *Tour du monde*, 1878, t. II, p. 39.

Et il fallut s'éloigner. Une autre fois Stanley, n'ayant plus de vivres, s'approcha de l'île Bambireh. Les embarcations furent tirées sur la plage. Mais déjà les tambours battaient, et les noirs poussant leur cri de guerre, se précipitèrent sur l'escorte. L'attaque fut repoussée à coup de fusil, et notre explorateur continua son voyage, fit le tour du lac et s'arrêta quelque temps à la cour du roi Mtésa.

Grâce à lui, les bords du Victoria sont bien connus.

Il nous reste à parler du *Congo*. C'est au docteur Livingstone que revient l'honneur d'en avoir découvert les sources. Il cherchait celles du Nil. En 1867, sortant du bassin du Zambèze, dont il avait remonté l'un des affluents, l'Arangoua (voir Duveyrier, *Livingstone*, p. 4), le docteur arriva sur les bords du *Tchambési* qui, au lieu de suivre la même pente que le Zambèze, coule dans la direction opposée, c'est-à-dire de l'est à l'ouest. Cette rivière se jette dans le lac Bangouelo ; et de ce lac sort un fleuve, la Louapoula, qui, après avoir traversé le lac Moéro, prend le nom de Loualaba, et plus loin celui de Zaïre ou Congo.

Le docteur explora le pays à l'est de ces lacs. Il passa même tout un hiver à Loucenda, chez le roi Cazembé. En 1869, il était dans le Manyema. Ce grand pays, inconnu avant lui, est à égale distance des deux côtes de l'Afrique australe. Il est couvert de forêts vierges remplies d'éléphants et de singes, et sillonné par des rivières qui se jettent dans le Loualaba. Le climat est extraordinairement humide. Il y tombe annuellement quatre fois plus d'eau que sur les côtes de France ou de Hollande. On comprend toutes les difficultés qu'éprouve un explorateur à traverser une région pareille, si l'on n'oublie pas surtout que les forêts sont nombreuses, presque impénétrables, et que les naturels détestent les étrangers et leur envoient volontiers une lance dans la poitrine. Livingstone est mort à la tâche. Mais le lieutenant Cameron et Stanley après lui, devaient continuer ses recherches. Nous ne parlerons pas de Cameron qui n'a pu descendre le Loualaba. Il nous suffira de dire rapidement ce qu'a fait Stanley.

Un mot d'abord de l'homme.

Stanley est un Américain dont le nom est aujourd'hui connu de tout le monde, et qui était il y a quelques années l'un des obscurs correspondants d'un grand journal, le *New-York Herald*.

On se demande sans doute comment et pourquoi ce journaliste est allé au centre de l'Afrique. Voici la réponse. — Un jour (ceci vaut la peine d'être raconté), tandis que l'Europe se demandait ce qu'était devenu Livingstone, dont on n'avait plus aucune nouvelle, — Stanley reçut à Madrid où il était alors, un télégramme du directeur du *New-York Herald*, qui l'appelait à Paris. Stanley prit l'express et trente-six heures plus tard il entrait dans la chambre de M. Bennet.

« — J'ai pour vous une mission importante, lui dit celui-ci. Où pensez-vous que soit Livingstone?

— Je n'en sais absolument rien, Monsieur, répondit Stanley.

— Pensez-vous qu'il soit mort?

— Possible que oui, possible que non.

— Moi, dit M. Bennet, je pense qu'il est vivant, qu'on peut le trouver et je vous envoie à sa recherche.

— A la recherche de Livingstone! mais c'est aller au cœur de l'Afrique! Est-ce là ce que vous entendez?

— J'entends que vous partiez, que vous le retrouviez n'importe où et que vous rapportiez de lui toutes les nouvelles possibles (1). »

Quelques jours après cette étonnante conversation où éclatent la décision et l'énergie du caractère américain, Stanley était en route pour l'Afrique, et le 5 novembre 1871, après avoir traversé le pays qui s'étend de Zanzibar au Tanganika, il arrivait à Udjiji. Il avait retrouvé Livingstone.

Voilà l'homme.

Nous avons déjà raconté comment Stanley a exploré les bords du Victoria et reconnu l'extrémité sud du lac Albert. Nous allons le suivre sur les bords du Congo.

1. STANLEY : Comment j'ai retrouvé Livingstone, p. 4.

Après avoir traversé le Manyéma, dont nous avons déjà parlé, il atteignit les bords du Loualaba. « Un ravissement profond remplit mon âme, dit-il, tandis que je regardais cette magnifique rivière d'une largeur de 1300 mètres... Le mystère que depuis tant de siècles, la nature cachait à la science attendait qu'on le dévoilât... Ma tâche était maintenant de suivre le fleuve et de le suivre jusqu'à la mer. » *Tour du monde*, 1878, p. 102).

Un traitant du nom de Tipou-Tib, qui avait escorté Cameron quelque temps, consentit à servir de guide pendant trois mois à Stanley, qui de son côté devait lui payer 5,000 dollars et nourrir ses hommes. — Le départ eut lieu le 5 novembre 1876. La caravane s'engagea dans une forêt, qui couvre la rive droite du fleuve. « Je me retournai, dit le voyageur, vers Nyangoué (*Tour du monde*, 1878, p. 107), d'où nous venions de sortir. Que ses demeures, couronnant une de ces longues croupes herbues, qui sur la rive droite dominent le Loualaba, avaient l'air riant! Les montagnes du Manyema occidental elles-mêmes me paraissaient hospitalières à côté de cette forêt épaisse vers laquelle nous marchions... et dans laquelle nous pénétrâmes le lendemain en disant adieu au soleil ! » Qu'on se figure tout ce qu'il fallut d'énergie pour s'avancer à travers ces bois immenses, dont la voûte touffue ne laisse pénétrer qu'une lumière crépusculaire, et où l'on ne respire qu'un air humide et chaud.

C'était plus que ne pouvait en supporter l'escorte. Après quelques jours de marche Tipou refusa d'aller plus loin. « Ces bois, disait-il, ne sont faits que pour les singes, les païens et les bêtes fauves. » Stanley fut obligé pour ne pas le voir partir, de s'approcher de la rivière et de la traverser. Le canot en fer fut monté et descendit le courant pendant que les porteurs longeaient le fleuve. Mais l'expédition n'avait échappé aux dangers de la forêt vierge que pour se heurter à des obstacles non moins redoutables : l'hostilité des indigènes, et les rapides.

Les villages sont très-rapprochés les uns des autres dans cette région, et les noirs s'enfuyaient à l'approche de la caravane. Ils ne devaient pas tarder à l'attaquer. — Les premières marches furent assez faciles : mais on entendit bientôt le bruit sourd d'une cataracte. Deux canots furent entraînés et renversés. Il fallut transporter à force de bras au-dessous du rapide l'embarcation en fer et l'on se remit en route.

Le 22 décembre Tipou refusa d'aller plus loin. Stanley réunit un certain nombre de canots et s'embarqua avec tous ses hommes pour descendre le fleuve, comme il le dit lui-même, « jusqu'à l'océan où jusqu'à la mort ».

Rien de dramatique comme les péripéties de ce voyage extraordinaire.

« Un jour, dit Stanley, nous étions tout oreilles pour

saisir le bruit des cataractes que nous savions être devant nous, quand huit ou dix hommes nous jetèrent des lances de la rive. Nous gagnâmes le milieu du courant. Les indigènes nous aperçurent et immédiatement les tambours résonnèrent. Jusque là (*Tour du monde*, 1878, p. 123), nous n'avions pas vu de canots d'une longueur de plus de cinquante pieds ; ceux qui sortirent alors des courbes de la rive étaient d'une bien autre dimension. Notre flottille se mit en ligne et attendit l'attaque. L'un des plus grands canots s'avança. Une bordée de nos fusils l'éloigna. Nous le poursuivîmes; et ne pouvant pas virer de bord assez vite pour nous échapper, ceux qui le montaient se jetèrent dans le fleuve, nous laissant leur pirogue qui avait quatre-vingt-cinq pieds de long ... Nous continuâmes à descendre le fleuve, et bientôt nous entendîmes le bruit d'une cataracte. » Mais plus forts que les bruits des chutes s'élevaient, sur les rives, les cris perçants des indigènes. Que faire ? Affronter les cannibales ou nous livrer à la cataracte ? Prendre un parti pouvait n'être que choisir le genre de mort. En face de l'inévitable, nous nous retournâmes vers les sauvages, et, jetant l'ancre, nous ouvrîmes le feu. Au bout d'un quart d'heure, voyant que l'ennemi ne reculait pas, nous traversâmes le fleuve. Quelques-uns de mes hommes revinrent en arrière et débarquant dans la forêt, ils prirent l'ennemi à revers. Nous abordâmes à notre tour sous une pluie de flèches et de lances et, d'arbre en arbre on se battit jusqu'au coucher du soleil. La construction d'un camp fortifié nous occupa ensuite pendant quatre heures. La nuit fut paisible.

« Le lendemain, la lutte recommença : elle dura deux heures et fut acharnée ; puis les sauvages se retirèrent. Nous avions eu ce jour-là treize blessés et deux morts.

« Restait la cataracte. Sur une largeur de 800 mètres, après avoir bondi de rapide en rapide pendant plus d'un kilomètre, le fleuve se brisait contre une muraille de rochers et formait des vagues énormes... Il fallait tourner les chutes et traîner les canots à travers la forêt. Nous nous mîmes à l'œuvre et le lendemain soir ils étaient tous à flot au-dessous des rapides. »

Une autre fois, le bateau de Stanley fut emporté par le courant (*Tour du monde*, 1878, p. 142). « Le 10 avril, dit-il, nous sortions de la baie de Gammfoué ayant devant nous des rapides. » Le fleuve roule ses eaux entre de hautes falaises et se brise sur des îlots de granit. « Des câbles très-forts furent attachés à l'avant et à l'arrière du bateau dans lequel je montai avec cinq hommes. Mais à peine approchions-nous des chutes, que la violence du courant arracha les cordes des mains de ceux qui les tenaient. Le bateau fila avec une vitesse effrayante et devint le jouet du tourbillon. Précipité dans un gouffre qui le rejetait sur une crête blanche, il retombait dans le gouffre suivant... Quelles

sensations produites en nous par cette force implacable !
quels éclairs jetés dans notre passé ! quel sentiment de
notre impuissance ! Tout à coup, un bruit sourd pareil
à celui d'un tremblement de terre, nous fit regarder
devant nous. Le fleuve se gonflait comme si un volcan
eût soulevé ses eaux. La barque monta au sommet du
tertre liquide et fut emportée en aval des rapides. Le
danger était passé. »

C'est ainsi qu'à travers mille périls la caravane descendit le fleuve, après avoir livré près de quarante
combats, perdu beaucoup de monde, souffert de la faim
et de la fièvre. Il était démontré que le Zaïre ou Congo
prend sa source dans la région des grands lacs et n'est
autre que la Loualaba de Livingstone.

Avant de résumer les données géographiques recueil-
lies par les explorateurs dont nous avons parlé, il faut
au moins citer les noms des voyageurs qui ont abordé
la région des grands lacs et dont nous n'avons pas à raconter les voyages. Nous nommerons d'abord le docteur
Schweinfurth qui a exploré les sources du Bar-el-Gazal,
l'un des affluents du Nil, et le pays des Momboutous et
des Dinkas ; puis *Linant de Bellefond*, un jeune Français qui a rencontré Stanley à la cour de Mtésa et a été
massacré sur les bords du Nil; le colonel *Gordon*, le
colonel *Chaillé-Long*, *Gessi* et l'Italien *Piaggia*, qui ont
exploré le haut Nil et visité les bords du lac Albert; le
Portugais *Serpa Pinto*, qui a traversé l'Afrique à la

hauteur du Zambèze, et à qui l'un de nos missionnaires, *M. Coillard,* a sauvé la vie près des chutes Victoria ; enfin le vaillant abbé *Debaize,* qui vient de mourir au cœur de l'Afrique, sur les bords du Tanganika.

Tous ont bien mérité de la science.

Grâce à leurs travaux, nous pouvons décrire à grands traits la région des lacs. C'est la Suisse transportée sous l'équateur, avec ses hautes montagnes, d'où jaillissent des fleuves, avec ses lacs transparents. Mais ici bien peu de glaciers. Les eaux ne réfléchissent que des sommets brûlés ou des collines couvertes de forêts vierges.

Au centre, le bassin du Tanganika qui, autrefois, déversait peut-être ses eaux dans le Congo (1). Des montagnes assez élevées l'entourent d'une ceinture presque continue et lui envoient un nombre infini de petites rivières. Cette mer intérieure est étroite. Elle s'allonge du nord-ouest au sud-est. Les eaux en sont douces et profondes ; les bords fertiles. C'est là peut-être que la civilisation fera ses premières conquêtes.

Au sud-ouest et à l'ouest du Tanganika s'étend le bassin du Congo, bordé au sud par les monts Moviza. Des lacs d'une grande étendue, le Bangouélo, le Moéro et d'autres plus petits reçoivent les eaux du bassin supérieur et les déversent dans le Zaïre, qui s'appelle d'abord Louapoula, et plus loin Loualaba, et qui portera probablement le nom de Livingstone.

1. Voir appendice.

Au sud de ce bassin coule de l'est à l'ouest le Zambèze, qui reçoit le trop-plein du Nyassa des Maravis, lac situé à l'est du Bangouelo, dont il est séparé par une chaîne de montagnes (1).

Enfin, au nord du Tanganika, s'ouvre le bassin du Nil. Deux grands lacs, le Victoria et le lac Albert, reçoivent les eaux qui descendent du vaste cirque montagneux formé à l'ouest par les monts Baleggas, au sud par les montagnes du Ruanda et à l'est par les massifs de Kénia et du Kilimandjaro. Le fleuve égyptien en sort et coule vers le nord.

Voilà les grands traits de la géographie de cette région, qui contient de grands lacs d'où naissent des fleuves puissants ; de cette région aux montagnes superbes, aux plaines immenses couvertes de forêts vierges ou de marécages fiévreux.

Il nous reste à étudier l'homme qui vit, qui lutte, qui aime, qui souffre au sein de cette nature sauvage et grandiose.

1. M. Coillard et le major Serpa Pinto ont découvert au sud du Zambèze un lac, le *Macaricari*, qui donne naissance à l'un des affluents de ce grand fleuve.

II

LES HABITANTS.

L'Afrique centrale est habitée, chacun le sait, par des populations à peau noire, au front bas et fuyant, au nez court et large, aux lèvres épaisses, au menton petit. Le crâne des indigènes est ordinairement comprimé sur les côtés, étroit aux tempes et souvent bombé au sommet. Leurs cheveux sont généra'ement laineux, courts, brillants, noirs. Cependant des individus isolés et même des tribus entières s'éloignent de ce type. On rencontre des hommes au front élevé, au nez droit, aux lèvres peu épaisses, à la peau claire, aux cheveux roux et même rouges. Mais ce sont là des exceptions.

Les noirs de la région des lacs sont en général vigoureux. Ils ont la poitrine large, le cou gros et court. Leur taille est assez élevée. Mais on trouve aussi parmi eux des hommes petits, aux formes grêles. Schweinfurth a découvert par exemple une tribu de nains, les Accas, ou Tikitikis, qu'il regarde comme les descendants des pygmées des anciens.

Malheureusement ces populations sont en général bru-

tales, violentes, cannibales à l'occasion et profondément
dégradées. Nous allons essayer de les faire connaître en
étudiant rapidement leur état politique, leurs mœurs et
leur religion.

Occupons-nous d'abord du gouvernement. Les peuplades qui habitent la région des lacs ont des rois,
vrais tyrans, maîtres des biens et de la vie de leurs sujets. Là règne l'absolutisme le plus parfait.

Il nous suffira, pour en convaincre le lecteur, de citer
quelques-uns des faits dont Speke, Stanley, ou Schweinfurth ont été les témoins.

Transportons-nous par la pensée sur ces bords du
Victoria, dans le royaume d'Uganda. Un jeune homme
gouverne ce pays. On sait qu'il s'appelle Mtésa. C'est un
puissant prince ; aussi ses sujets ne l'approchent-ils
qu'en rampant, la face près de terre. Si le despote est
en gaîté et qu'il lui prenne fantaisie de distribuer à ceux
qui l'entourent des coups de pieds ou des coups de
poings, il est de bon goût de le remercier. Du reste le
roi n'est pas avare de ces gracieusetés. « Un jour, nous
dit Speke, Mtésa, qui venait lui faire visite, marchait le
dernier selon l'usage et laissait trotter devant lui toute
sa cour et si par hasard quelqu'un n'allait pas assez vite,
entravé par les moissons dont les champs étaient couverts, que ce fût un ministre ou un simple page, il re-

cevait dans les reins un bon coup de poing capable au besoin de le renverser par terre; mais loin de s'en inquiéter, et regardant comme une faveur, cette bourrade royale, il accompagnait de quelques merci son trot devenu plus rapide.» (*Tour du monde*, 1864, 1er sem. p.350 V. de Speke.)

Un autre jour notre voyageur fut reçu par le roi. «Je le trouvai, dit-il, assis sur son trône. Il avait devant lui la tête d'un taureau noir, à côté de laquelle gisait une des cornes, abattue d'un coup de massue. Quelques vaches en liberté circulaient autour de l'assistance. Je fus requis de les tuer en aussi peu de temps que possible ; mais n'ayant pas de balles pour mon fusil, j'empruntai à Mtésa le revolver dont je lui avais fait présent et quelques secondes plus tard, les vaches étaient par terre ; la dernière pourtant que j'avais seulement blessée du premier coup, fit mine de se jeter sur moi et je dus l'achever avec la cinquième balle du revolver. Ce haut fait, qui parut merveilleux, me valut de bruyants applaudissements, et les quatre animaux tués furent donnés à mes gens.

«Le roi se mit ensuite à charger de ses propres mains une des carabines, que je lui avais données et la remettant toute armée à un page, il lui enjoignit d'aller tuer un homme dans l'autre cour. Le marmot partit, nous entendîmes la détonation et nous le vîmes revenir presque aussitôt avec la même grimace de satisfaction, le même air heureux que s'il eût déniché un oiseau, ou trouvé une truite au bout de sa ligne, bref, exécuté l'un de ces tours d'adresse dont les enfants tirent si volontiers vanité.

« — As-tu bien tiré, lui dit le roi?

« — Parfaitement, repartit l'apprenti bourreau.

« Il ne mentait pas, bien certainement, car son maître n'entendait pas raillerie. Mais l'incident ne parut intéresser personne ; aucun des assistants ne se demanda et ne semblait désirer savoir quel individu avait reçu la mort des mains de ce petit drôle. (*Tour du monde*, 1864 1er sem. p. 343-344.)

Le monarque on le voit, n'a qu'un fort médiocre respect pour la vie de ses sujets. Il n'est guère plus tendre pour ses femmes. A la cour d'Ouganda les tragédies sanglantes ne sont pas rares. «Voici quelques temps que j'habite l'enceinte royale, dit Speke, et par conséquent les usages de la cour ne sont plus un mystère pour moi. Me croira-t-on cependant si j'affirme que depuis que je suis ici, il ne s'est pas passé de jour où je n'ai vu conduire à la mort quelquefois une, quelquefois deux et jusqu'à trois et quatre de ces malheureuses femmes qui habitent le palais de Mtésa ? Une corde roulée autour du poignet, traînées ou tirées par le garde du corps, qui les conduit à l'abattoir, ces pauvres créatures, les yeux pleins de larmes poussent des gémissements à fendre le cœur : « Hai Minangé (O mon Seigneur), Mkama, (O mon roi), Hai N'yawio, (O ma mère) !! » et malgré ces appels déchirants à la pitié publique, pas une main ne se lève pour les arracher au bourreau, bien qu'on entende çà et là quelque spectateur préconiser à voix basse la beauté de ces jeunes victimes, sacrifiées à je ne sais quelle superstition ou à quelle vengeance. » (Id., id., 350.)

Dans un pays pareil la volonté du roi est souveraine. Tout ce qu'il dit est bien, tout ce qu'il fait est admirable. Là règne le bon plaisir du maître. Chacun devine les conséquences d'un système politique pareil. D'un côté un homme, dont les caprices mêmes sont des lois, et cet homme peut être un monstre d'avarice, de cynisme et de férocité ; de l'autre des sujets tremblants qui sont trop heureux quand le roi ne leur enlève pas leurs biens, et les laisse mourir en paix. La servitude de tous répond au despotisme d'un seul.

Les royaumes un peu considérables sont divisés en provinces que gouvernent les délégués du roi. Ils imitent le maître et ne valent ni plus ni moins que lui.

Les chefs africains se font souvent la guerre ; quelques-uns d'entre eux ont des armées puissantes, (Mtésa peut mettre en ligne plus de 100,000 hommes, s'il faut en croire Stanley), et des flottes redoutables, qui se livrent parfois des batailles terribles sur les eaux des grands lacs, à la grande joie des crocodiles, qui ont pour la chair de l'homme un goût très-prononcé. Stanley a vu défiler un jour trois cent vingt-cinq canots appartenant au roi de l'Ouganda. La plus grande de ces pirogues avait soixante-douze pieds de long, sur sept pieds de large et était manœuvrée par soixante-quatre rameurs. Venaient ensuite près de cent canots de cinquante à soixante-dix pieds de longueur ; les autres étaient plus petits. Les équipages comptaient près de 9,000 hommes; et les troupes de débarquement formaient un chiffre un peu plus élevé. La flotte portait donc près de 20,000 hommes (*Tour du Monde* 1878 p. 53).

Mais laissons les rois et leurs armées et essayons de nous initier à la vie du peuple. Ses mœurs, ses travaux, ses usages vont nous occuper.

L'enfant africain est comme tous les enfants, gai, rieur. Il aime le jeu avec passion. Mais dans la première enfance il est peu attrayant. Vers dix ans au contraire, les garçons surtout sont élégants de forme. On en voit beaucoup qui ont le regard intelligent et l'esprit très vif.

Devenus adolescents, ils apprennent à manier les armes, à ramer, à chasser : c'est toute leur éducation, l'instruction n'étant pas encore obligatoire sous les tropiques ; et dans certaines tribus les jeunes gens sont éloignés de leurs parents, groupés dans un camp fortifié, et soumis à toutes sortes de tortures physiques destinées à les endurcir.

Arrivé à l'âge d'homme l'Africain construit une case et se marie.

Mais dans la région des grands lacs des choses ne se passent pas tout à fait comme chez nous. L'homme qui veut une femme l'achète; et si par hasard un jeune homme et une jeune fille s'aiment, le père de la fiancée n'en fait pas moins payer son consentement.

Le paiement, cela va sans dire, ne se fait pas avec des pièces d'argent. On donne du fer, du cuivre, des étoffes, des céréales, des bestiaux, de la poudre d'or, des plumes d'autruche, de la gomme, de l'huile de palmier des esclaves, des armes, des ustensiles et d'autres articles de commerce.

Les Dinkas, qui habitent la région du Nil blanc ne se marient guère avant vingt ans. Chez eux le prix d'achat varie selon la fortune des parents de la jeune fille. Si elle appartient à une famille aisée, on offre de vingt à trente bœufs, du fil de cuivre, des perles fausses. Pour célébrer la noce on tue une vache et un chevreau, on boit du lait et l'on mange des épis de durrah encore verts.

Mais il arrive souvent qu'au lieu d'acheter une femme, l'Africain la vole. On se fait la guerre sous les tropiques pour se procurer des épouses, comme ailleurs pour arracher au vaincu des milliards et des provinces.

Les chefs et les gens riches ont un nombre de femmes

proportionné à leur rang et à leur fortune. C'est la polygamie sous sa forme la plus grossière.

Les femmes n'ont pas la vie douce. Esclaves de leur mari, elles accomplissent les travaux les plus pénibles. Ce sont elles qui tissent les étoffes avec lesquelles on confectionne les vêtements, qui cultivent la terre, qui écrasent entre deux pierres le grain qui doit nourrir la famille : et tandis qu'elles travaillent, l'homme assiste au conseil de la tribu, boit de la bière ou se livre au plaisir de la chasse ou de la pêche. On le voit, maniant un canot léger sur les grands lacs, sur les fleuves, sur les rivières, frapper de son harpon, avec une adresse merveilleuse, le poisson qui fuit entre deux eaux, et l'hippopotame qui vient respirer à la surface ; ou bien, rampant dans la forêt vierge, attaquer les animaux qui l'habitent. Tantôt c'est une gazelle un gorille qu'il frappe de ses flèches empoisonnées ; tantôt, c'est un buffle, un rhinocéros, un lion, ou un éléphant, qui tombe sous ses coups.

On se demande sans doute comment des sauvages mal armés, peuvent tuer ces puissants animaux que l'épaisseur de leur peau rend presque invulnérables.

Voici le récit que nous fait Livingstone d'une chasse à l'éléphant à laquelle il a assisté. « Un jour, dit-il, je m'étais éloigné de notre campement, quand je vis, à l'extrémité de la vallée, c'est-à-dire à une distance d'environ deux milles, une éléphante et son petit. Elle était debout et s'éventait avec ses grandes oreilles, tandis que l'éléphanteau se roulait joyeusement dans la vase. A l'aide de ma longue-vue je vis une partie de mes compagnons qui, sur une longue file, s'approchaient des deux éléphants... Je montai sur un coteau pour suivre la chasse du regard et voir comment s'y prendraient les chasseurs. L'excellente bête ne se doutait pas de l'approche de l'ennemi et se laissait téter par son petit, qui pouvait avoir deux ans. Tous les deux allèrent ensuite dans une fosse remplie de vase où ils se barbouillèrent de fange. Le petit folâtrait gaîment... Tout à coup retentirent les cris des ennemis dont les uns soufflaient dans un tube, les autres dans leurs mains jointes, et qui s'écrièrent pour éveiller l'attention de l'animal :

« O chef ! nous sommes venus pour vous tuer ;

« O chef ! ainsi que bien d'autres vous allez mourir ;

« Les dieux l'ont dit. »

Les éléphants relevèrent les oreilles, écoutèrent un instant et sortirent de la fosse au moment où les sauvages se précipitaient sur eux. Le jeune s'enfuit d'abord en ligne droite devant lui ; mais apercevant les chasseurs à l'extrémité de la vallée, il revint auprès de sa mère, qui se plaça entre lui et le danger, et lui passa plusieurs fois la trompe sur le dos pour le rassurer. Tout en s'éloignant la pauvre mère s'arrêtait souvent pour regarder ses ennemis... Ceux-ci étaient environ à cent pas derri re elle, quelques-uns sur les côtés, mais à pareille distance, jusqu'au moment où elle fut obligée de traverser un ruisseau. Le temps qu'elle mit à le franchir et à remonter sur l'autre bord permit aux chasseurs de gagner du terrain. Lorsqu'ils ne furent plus qu'à une vingtaine de pas, ils lui lancèrent leurs javelines. Toute rouge du sang qui coulait de ses blessures, la mère prit la fuite sans paraître songer à son enfant. J'avais dépêché un indigène aux chasseurs pour leur porter l'ordre de ne pas attaquer l'éléphanteau... Mais ils l'avaient déjà tué. Le pas de la mère se ralentit par degrés ; puis se retournant en poussant u n cri de rage, elle se précipita sur les chasseurs, qui se dispersèrent à droite et à gauche ; elle suivit une ligne droite et passa au milieu de la bande éparpillée... Elle recommença trois fois cette charge et ne parcourut pas plus de cent mètres dans les deux dernières. Ayant traversé un ruisseau, elle s'arrêta plusieurs fois pour regarder les chasseurs, malgré de nouvelles javelines qui lui étaient envoyées ; enfin après avoir perdu beau·coup de sang, elle chargea une dernière fois ses ennemis, tourna sur elle-même en chancelant et mourut agenouillée » (1).

Les explorateurs nous racontent souvent des scènes de ce genre ; et chacun s'accorde à dire, qu'en somme, la

1. *Tour du monde.* 1866, T. I p. 58.

vie de l'indigène dans sa sauvage indépendance, ne manque pas de charme. Stanley nous fait un tableau, un peu idéal peut-être de l'existence du paysan de la région des lacs (1). Malheureusement ce n'est là qu'un des côtés de la vie des noirs, le côté brillant. Nous avons pour devoir de vous montrer l'autre. Le travailleur est souvent opprimé par ses chefs, par ses rois. Tout ce qu'il a, peut lui être enlevé par eux; et les guerres continuelles, qui désolent certaines régions sont une cause de souffrances sans nom pour les populations paisibles. Tantôt c'est un prince qui croit avoir à se plaindre de son voisin, qui envahit ses états, brûle ses villages, après les avoir pillés; tantôt c'est un Arabe ou un métis portugais qui, à la tête d'une bande de véritables brigands, fond sur une peuplade, vole sans pudeur l'ivoire, le grain, les bestiaux et tue impitoyablement tous ceux qui sont assez hardis pour résister. Que de scènes d'horreur sur les rives merveilleuses de ces beaux lacs africains! que de sang versé sur les bords de ces rivières, qui coulent entre deux forêts vierges dans ces vallons ombreux, sur les flancs de ces montagnes du centre du continent! — Et savez-vous ce que les brigands, qui désolent ces régions sauvages, mais si souvent charmantes, cherchent avant tout? Il leur faut de l'ivoire, du bétail, du grain, sans doute: mais ce qu'ils veulent,

1. *Tour du Monde*, 1878 p. 60.

ce sont des esclaves. Je viens d'indiquer l'une des plaies, je pourrais dire la plaie du continent noir: la traite.

L'esclavage fleurit dans la région des lacs. Hommes, femmes, enfants sont sans cesse exposés à se voir arracher à leur demeure et trainer le carcan au cou vers une destination inconnue; et je ne parle que des forts, que des valides. Les vieillards, les malades sont abandonnés ou massacrés.

Il faut lire le récit de ces horreurs dans les écrits de Cameron, de Stanley ou de Livingstone, si l'on veut se faire une idée de ce qu'est cette infamie, qui s'appelle la traite; si l'on veut savoir ce qu'elle traine après elle de douleurs, de larmes, de misères, de dévastations.

Livingstone dans son dernier journal (1) nous raconte l'une de ces scènes odieuses à laquelle il a assisté sur les bords du Congo supérieur, le 15 juillet 1871. C'était jour de marché. Plus de cinq cents indigènes sont réunis sur la rive. Venus des villages voisins, les uns vendent du poisson, d'autres du grain, du manioc, de la farine, des bananes, de l'huile de palme, du sel, du poivre, de l'étoffe faite avec de l'herbe, des nattes, des paniers, de la volaille, des fourmis blanches grillées ou frites. L'animation est extrême: quand tout à coup apparaissent trois ou quatre hommes, faisant partie de l'escorte d'un traitant, qui était depuis quelque temps dans le pays, et qui se faisait passer pour un honnête commerçant.

1. *Tour du Monde*, 1875. T. II p. 63.

« Je fus étonné, dit le docteur, de les voir armés de fusils, et comme je m'éloignais, je vis un de ces misérables marchander une poule et s'en emparer. Je n'avais pas fait trente pas hors de la place, qu'une double détonation m'apprenait le commencement du massacre. La foule s'élança de tous côtés, chacun jetant ses marchandises et prenant la fuite. Les trois hommes continuaient à tirer sur les groupes qui étaient en haut du marché, quand des volées de mousqueterie furent tirées par une bande postée au bas de la crique, sur les femmes qui se précipitaient affolées vers les canots. Une cinquantaine de pirogues étaient là, pressées les unes contre les autres. Dans leur effroi les hommes oublièrent leurs pagaies. Les canots ne pouvaient sortir tous ensemble; la crique était trop étroite. Hommes et femmes entassés dans les barques, blessés par les balles qui continuaient de pleuvoir, sautaient dans l'eau et s'y débattaient en criant. Une longue file de nageurs se dirigeait vers une île située à 1,500 mètres.

« Le feu continuait; et des têtes disparaissaient ici tranquillement, ailleurs on voyait des bras se tendre vers le ciel, puis disparaître aussi. Un canot se chargea d'autant de monde qu'il put en contenir. Trois autres allèrent au secours des amis défaillants et s'emplirent au point qu'ils sombrèrent.

« Peu à peu toutes les têtes disparurent. On ne saura jamais le nombre de ceux qui périrent dans cette horrible matinée. »

Le lendemain on entendait encore le bruit de la fusillade. Dix-sept villages brûlaient et une longue file d'esclaves enchaînés allaient quitter pour toujours les bords du grand fleuve. Mais combien devaient tomber sur la route, tués par la fatigue ou par la douleur, avant d'atteindre le marché sur lequel leur maître voulait les vendre !

Livingstone a vu mourir, trois ou quatre jours après le départ, des hommes vigoureux qui avaient, dit-il, le cœur brisé. C'était leur seule maladie. D'autres tombaient épuisés. C'étaient des femmes, des enfants surtout. Un coup de hache mettait un terme à leurs misères. « J'ai vu, dit le docteur, une femme attachée à un arbre par le cou ; elle était morte. Des gens du pays racontent qu'elle ne pouvait suivre la bande, et le marchand n'avait pas voulu qu'elle devînt la propriété de celui qui la trouverait, si le repos venait à la remettre. Une autre avait été poignardée ou tuée d'une balle. Furieux de perdre son argent, le maître soulage sa colère en tuant l'esclave qui ne peut plus marcher. Quelquefois cependant il se contente de l'abandonner. » — « Un des nôtres, dit encore le docteur, s'est écarté du chemin et a trouvé une quantité d'esclaves la fourche au cou et abandonnés par leur propriétaire faute de nourriture. Ils n'avaient plus la force de parler. Quelques-uns étaient très-jeunes. » (T. du m. 1875, t. II, p. 14.)

Voilà ce qu'est la traite au cœur de l'Afrique.

Des tribus entières sont décimées ; et, s'il faut en croire Speke, plus de 25,000 individus sont réduits en esclavage tous les ans dans la seule région du haut Nil (Speke, voyez *Abrégé*, par Belin de Launay, p. 252).

Il est impossible de voyager dans l'intérieur sans rencontrer des convois d'esclaves. Livingstone en a vu de fort nombreux, et une fois même il a été assez heureux pour rendre la liberté à une centaine de ces malheureux. « Il y avait, dit-il, quelques minutes à peine que nous étions arrivés dans un village, quand une longue file d'hommes, de femmes et d'enfants, liés les uns aux autres, serpenta sur la colline et se dirigea de notre côté. Armés de fusils et parés d'une toilette pimpante, les noirs, agents des Portugais, placés à l'avant-garde, sur les flancs et à l'arrière de la bande, marchaient d'un pas délibéré. Quelques-uns tiraient des notes joyeuses de longs cornets de fer-blanc ; tous prenaient des airs de gloire, comme des gens persuadés qu'ils ont fait une noble action. Néanmoins, dès qu'ils nous aperçurent, ces triomphateurs se précipitèrent dans la forêt, et tellement vite, que nous ne fîmes qu'entrevoir leurs calottes rouges et les plantes de leurs pieds.

« Le chef demeura seul à son poste. Aux questions qui lui furent adressées à l'égard des captifs, il répondit qu'il les avait achetés ; mais ceux-ci, interrogés ensuite, nous dirent tous, à l'exception de quatre, qu'ils avaient été pris en combattant. Pendant que nous faisions cette enquête, le chef avait disparu. Les prisonniers, restés seuls avec nous, s'agenouillèrent et battirent des mains avec énergie pour exprimer leur gratitude.

« Nous eûmes bientôt coupé les liens des femmes et des enfants ; mais il fut plus difficile de délivrer les hommes. Chacun de ces malheureux avait le cou pris dans l'enfourchure d'une forte branche d'environ deux mètres de long, que maintenait à la gorge une tige de fer solidement rivée aux deux bouts. Cependant, à l'aide d'une scie, la liberté leur fut rendue. Nous dîmes alors aux femmes de prendre la farine dont elles étaient chargées et d'en faire de la bouillie pour elles et pour leurs enfants. Tout d'abord elles n'en voulaient rien croire : c'était trop beau pour être vrai. Mais quand l'invitation leur eut été renouvelée, elles firent un grand feu et y jetèrent les cordes et les fourches maudites.

« Beaucoup d'enfants avaient à peine cinq ans. Un petit garçon disait à nos hommes : « Les autres nous attachaient et nous laissaient mourir de faim; vous nous avez détachés, vous ; puis vous nous donnez à manger. Qui donc êtes-vous, et d'où venez-vous ? »

« Deux femmes avaient été tuées la veille pour avoir essayé de dénouer leurs courroies. Une malheureuse mère, ayant refusé de prendre un fardeau qui l'empêchait de porter son enfant, vit aussitôt brûler la cervelle au pauvre petit. Un homme accablé de fatigue et ne pouvant plus suivre les autres, avait été expédié d'un coup de hache (1). »

Voilà, je le répète, voilà ce qu'est la traite au cœur de l'Afrique ; et c'est la grande plaie du continent noir. Elle épuise les tribus les plus fortes, les plus intelligents, et elle rend impossible tout commerce honnête, tout progrès.

C'est du reste grand dommage, car les Africains ne manquent ni d'intelligence, ni d'adresse. On trouve parmi eux des ouvriers habiles. Le fer, qui abonde dans certaines parties de l'Afrique, prend mille formes sous le marteau de ces robustes forgerons. Les uns fabriquent des pioches, d'autres des armes, qui n'ont pas la trempe des nôtres, mais qui lancées par un bras vigoureux, tuent le rhinocéros ou l'éléphant.

Quelques-uns de ces ouvriers ne manquent pas de goût. Ils couvrent leurs armes, leurs boucliers, d'ornements parfois très délicats.

Les vanneries de certaines tribus sont d'une finesse et d'une solidité remarquables.

Leurs poteries sont belles. Les Niams-Niams par exemple font de jolis gobelets, d'énormes jarres d'une ré-

1. Livingstone, *Explorations*, traduction Loreau, p. 236.

gularité parfaite et apportent le plus grand soin à l'orne-
mentation de leurs pipes qu'ils décorent avec autant de
symétrie que de délicatesse. Mais ils ne savent pas donner à leur terre la consistance voulue, en la débarrassant
par le lavage des parcelles de mica qu'elle contient.

« Ils se servent d'arbres à bois tendre pour fabriquer
des tabourets, des bancs, des coupes et de grands plats
dont les formes et les sculptures offrent une grande di-
versité. J'ai vu, dit Schweinfurth (1), de ces petits
meubles et de ces ustensiles de ménage qui par la science
du dessin, étaient de véritables objets d'art. »

C'est dire que si jamais la civilisation pénètre en
Afrique, les ouvriers habiles ne manqueront pas.
L'homme est le même sous toutes les latitudes.

Un mot en passant de la musique des noirs. —
Leurs instruments sont très-primitifs. Ils ont par
exemple de grands cors en ivoire, formés d'une dé-
fense d'éléphant creusée à grand'peine, des tambours
énormes, des harpes semblables à celles des anciens
Égyptiens, et un instrument fort curieux appelé marimba,
qui rappelle les harmonicas de nos enfants.

Un orchestre africain est d'autant meilleur qu'il fait
plus de bruit. Les noirs aiment passionnément cette

1. Schweinfurth: *Au cœur de l'Afrique*, abrégé par Belin de
Launay, p. 128.

musique violente, sauvage ; et quand résonne le tambour ou le cor ils battent des mains en mesure et poussent des cris qui rappellent les hurlements des fauves. « Je ne crois pas me tromper en supposant que la célèbre musique des temples de Dendera, de Thèbes et d'Edfu, chez les anciens Égyptiens, ne devait pas être plus mélodieuse qu'un concert chez le roi des Monboutous. » (Hartmann, *Les peuples de l'Afrique*, p. 166.)

Il me reste à parler de la religion de ces peuples enfants.

Les noirs sont presque tous fétichistes. Cependant on trouve des mahométans au centre de l'Afrique. Les Arabes, qui se sont établis dans la région des lacs, ont fait des prosélytes nombreux. Mais le fétichisme est la religion dominante. Ici on adore des idoles grossièrement taillées dans un bloc de bois ; là un beau scarabée vert, le charençon des anciens Égyptiens ; ailleurs, au moment de la moisson, le prince du pays est porté hors du village sur une litière par quatre de ses ministres. A l'un des pieds de la litière, on attache un chien, qui reçoit de chaque habitant un coup de verge. On croit que cette coutume est un souvenir confus du culte d'une divinité incarnée dans un chien, culte qui remonterait à la plus haute antiquité.

A l'époque de la nouvelle lune, beaucoup de peuplades célèbrent une fête religieuse. La nuit, réunis autour de l'arbre sacré, les indigènes dansent, hurlent et s'enivrent.

D'autres croient en un Dieu, auteur du bien et en un mauvais esprit, auteur du mal. Ils offrent au premier des aliments et des boissons et se couvrent la poitrine d'amulettes pour se défendre contre le second.

Presque partout, dans les contrées tropicales, où chaque goutte d'eau est un bienfait, les noirs adorent le Dieu de la pluie. Les nuages sont des signes visibles de sa présence. Les prêtres de cette divinité sont tenus en grande estime et exercent une influence extraordinaire sur les indigènes. Si la pluie tombe quand le magicien la demande, le peuple est dans la joie ; et il offre au prêtre, des bestiaux ou des céréales. Mais ce n'est là que le beau côté de la médaille, elle a un revers. Le prêtre n'est pas toujours heureux et s'il a mal observé le temps, si l'averse qu'il a promise ne tombe pas, il est saisi et mis à mort, sans autre forme de procès. « On lui ouvre même quelquefois le ventre pendant qu'il vit encore pour y chercher la pluie qu'on le soupçonne d'y tenir cachée. »

Ajoutons que certains fleuves, qui fécondent des contrées arides, sont l'objet d'une vénération religieuse. Le Congo par exemple est le grand fétiche de quelques tribus.

Les sujets de Mtésa croient à l'existence d'un esprit

du lac, dont le grand prêtre vit dans une des îles du Victoria. Speke nous raconte la visite qu'il a faite au représentant de cette divinité puissante. « Las de fouiller un à un tous les coins et recoins de la crique sans y trouver le moindre hippopotame, nous dit-il dans son journal, le roi nous amena dans une île habitée par Mgussa, divinité du lac, ou plutôt par son délégué, qui doit communiquer au roi de l'Ouganda les secrets du mystérieux abîme..... Nous étions installés depuis quelques minutes dans la hutte de ce personnage, arrosant de pombé (bière) nos insignifiants bavardages, quand il entra. Il portait un petit tablier de peau de chèvre blanche, décoré de nombreux talismans, et tenait à la main un léger aviron. Ce n'était point un vieillard mais il en affectait toutes les allures... Feignant de gagner à grand'peine l'extrémité de sa hutte, il se mit une fois assis à tousser pendant une demi-heure de suite. Sa femme parut alors en se donnant les mêmes airs. Mtésa me regardait en riant. Personne du reste n'élevait la voix si ce n'est la prétendue vieille, qui après avoir coassé comme une grenouille pour avoir de l'eau, se retira comme elle était venue, geignant et boitant toujours. — L'agent de Mgussa fit alors venir autour de lui le commandant et les officiers et après leur avoir notifié à voix très-basse les volontés de l'esprit du lac, il disparut à son tour. Et comme ses révélations n'avaient pas été sans doute favorables, nous retournâmes aussitôt à nos barques pour rentrer dans notre résidence provisoire (1).

La croyance aux sorciers est fort répandue en Afrique. On leur attribue le pouvoir de se transformer la nuit en bêtes féroces et comme autrefois chez nous, l'existence de ces malheureux est souvent menacée. Bien des vieillards, qu'on accuse volontiers d'être sorciers, sont morts victime de cette superstition.

Quelques tribus regardent les forêts comme hantées par des esprits malfaisants.

Les Niams-Niams croient aux présages, aux signes, aux augures. Avant d'accomplir une action importante, ils ont l'habitude de passer une cheville de bois mouillée sur la surface unie d'un escabeau, Si la cheville glisse facilement, tout va bien; ils sont sûrs du succès. Si au contraire la cheville glisse difficilement, ils abandonnent leur dessein. — Quelquefois ils font boire à une poule un breuvage magique. Vient-elle à mourir, le malheur est à la porte; ou bien ils plongent dans l'eau pendant quelque temps la tête d'un coq vivant. Si la bête en revient, ils peuvent agir.

Voilà quelques échantillons des superstitions africaines, qui ont toutes un caractère religieux, et qui pour certaines peuplades constituent même toute la religion. — Les amulettes, la sorcellerie, les pratiques étranges les charment, mais ne les rendent pas meilleurs.

1. *Speke*, Belin de Launay, p. 205 et 39.

Ils croient aux esprits des eaux et des grandes forêts,
ce qui ne les empêche pas de piller leurs voisins, quand
faire se peut. Ils offrent de la farine, de la viande ou
de la bière à leurs fétiches, mais ils enlèvent volontiers
les femmes ou les enfants de leurs ennemis et mangent
même quelquefois les vaincus sans le moindre scru-
pule. Le fétichisme abaisse l'homme.

En résumé, les populations de l'Afrique centrale sont
à tous les points de vue dans un état d'infériorité ma-
nifeste. — Mais nous savons qu'on a trouvé parmi les
indigènes des hommes de cœur et d'intelligence. Si
l'on parvient à développer ce qu'il y a de bon dans
les enfants de la nature, à éveiller en eux le sentiment
du devoir, à les affranchir de leurs superstitions ridi-
cules ou dangereuses, la branche noire de la grande
famille humaine se relèvera. Que les peuples civilisés
lui tendent la main, ils l'arracheront à l'abîme et l'a-
venir vaudra mieux que le présent.

Mais il faut d'abord supprimer la traite et la remplacer
par un commerce honnête. Si l'on réussit à établir dans
l'intérieur du continent de nombreux comptoirs où le
nègre puisse vendre céréales, peaux, ivoire, indigo, et
acheter les produits de notre industrie, les habitudes,
les mœurs se transformeront peu à peu. La civilisation
pénétrera avec le commerce.

D'un autre côté, c'est la religion, nous l'avons vu, qui est en Afrique la mère de toutes les superstitions, de tous les préjugés. C'est donc la religion qu'il faut attaquer. le fétichisme qu'il faut détruire ; et quand le christianisme aura renversé les idoles, quand l'Evangile qui a régénéré le monde antique, aura pénétré au cœur du continent noir, alors la race africaine se relèvera ; et comme un esclave affranchi, jetant loin d'elle le dernier anneau de ses fers, elle tendra la main aux peuples civilisés et travaillera avec eux au grand œuvre de la civilisation et du progrès.

APPENDICE

Depuis que ces lignes ont été écrites, MM. Maunoir et Duveyrier ont annoncé (*Tour du monde*, Revue géogr., 1er semestre 1880), que « M. Hore agent de la *London Missionary Society*, a constaté d'une manière irréfutable que le Lac Tanganika est aujourd'hui l'un des réservoirs du fleuve Livingstone (Congo). Ce missionnaire a descendu ce que M. Stanley appelait encore la crique et qui est en réalité maintenant la rivière *Loukouga*. »

FIN.

1735. — ABBEVILLE. — TYP. ET STÉR. GUSTAVE RETAUX.

www.ingramcontent.com/pod-product-compliance
Lightning Source LLC
LaVergne TN
LVHW010316030726
842520LV00004B/1116